Formas Prácticas de Ganar Dinero por Internet

Isabel Gutiérrez

ÍNDICE DE CONTENIDOS

Introducción

Bienvenido/a a formas prácticas de ganar dinero por Internet! En este capítulo introductorio, te daré una visión general de lo que aprenderás en este libro y cómo te beneficiará.

El enfoque práctico del libro

En primer lugar, quiero destacar que este lñibro se basa en la experiencia práctica. No te hablaré de teorías abstractas ni de las 99 mejores formas de ganar dinero online. En cambio, me centraré en las formas que considero que realmente funcionan y que personalmente he aplicado durante años. Te contaré en qué consiste cada una, cuánto puedes ganar, cuánto tiempo debes dedicar y los aspectos positivos y negativos de cada opción. Mi objetivo es proporcionarte una base sólida para que puedas tomar decisiones informadas sobre qué camino seguir.

La importancia de tomar acción

Es común sentirse abrumado cuando se enfrenta a tantas opciones para ganar dinero online. La parálisis por análisis puede detenernos y hacernos perder años sin tomar acción. Por eso, mi consejo es que elijas una opción y te comprometas a seguirla. Puede ser la afiliación, los cursos online, las comunidades de pago u otras formas que exploraremos más adelante. Lo importante es que tomes acción y veas resultados. La acción marca la diferencia entre aquellos que logran sus objetivos y aquellos que solo acumulan conocimiento sin ponerlo en práctica.

Ganar dinero sin audiencia

En este curso, te proporcionaré varias opciones para ganar dinero online sin necesidad de tener una audiencia. Comenzaremos explorando ocho formas que personalmente he probado y que considero efectivas. Te explicaré cómo funcionan, los aspectos positivos y negativos, y cuánto tiempo debes dedicar a cada una. Además, te daré ejemplos de cómo aplico estas opciones en mi día a día. Por ejemplo, una de las opciones es crear libros en plataformas como Amazon, y este mismo ebook que estás leyendo es un ejemplo de ello. También te hablaré de otras opciones, como la creación de cursos en Udemy.

Ganar dinero con audiencia

Aunque no es necesario tener una audiencia para ganar dinero online, a largo plazo, contar con una comunidad puede facilitarte una mayor estabilidad y oportunidades. Por eso, también exploraremos seis opciones para ganar dinero con audiencia. Te explicaré en detalle cómo funcionan estas opciones y cómo puedes combinarlas con las formas de ganar dinero sin audiencia. Recuerda que es posible crear una audiencia y monetizarla, pero también requerirá tiempo y esfuerzo.

Cómo crear una audiencia

En la última sección de este curso, te enseñaré cómo crear una audiencia desde cero. Te hablaré de diferentes opciones en redes sociales, como Twitter, y te explicaré cómo puedes utilizar una página web o un blog para atraer seguidores. También mencionaré la opción de YouTube, aunque personalmente no la he utilizado, sé que puede ser una plataforma interesante para construir una audiencia.

En resumen, este libro tiene como objetivo presentarte diversas formas de ganar dinero por Internet y proporcionarte información valiosa para que puedas decidir cuál se adapta mejor a ti. Recuerda que este libro es introductorio y te servirá como base para tomar decisiones informadas. No te preocupes si no tienes una audiencia en este momento, exploraremos opciones para ti. Lo más importante es que tomes acción y elijas el camino que mejor se ajuste a tus circunstancias y metas. ¿Estás listo/a para comenzar a ganar dinero por Internet?

Encontrando tu pasión y monetizándola en Internet

En este capítulo, exploraremos los fundamentos para crear un negocio online exitoso basado en tus pasiones e intereses. Antes de sumergirnos en los métodos concretos, es crucial comprender algunos aspectos importantes que te ayudarán a tener éxito en este emocionante viaje. Aprenderás cómo identificar tus pasiones, habilidades y cómo convertirlas en una fuente de ingresos online. Descubrirás por qué es esencial elegir algo que te guste y cómo esto puede marcar la diferencia entre el éxito y el fracaso en tu negocio online.

Identifica tus pasiones y habilidades

Cuando comienzas a buscar oportunidades para ganar dinero online, es fundamental tener en cuenta tus intereses y habilidades. Hacer una lista de las cosas que te gustan hacer y de las que se te dan bien puede ser un excelente punto de partida. No necesariamente tienen que ser las mismas cosas, ya que disfrutar de algo no siempre significa que se te dé bien. Por ejemplo, podrías tener interés en el golf, pero no ser un jugador hábil. En lugar de gastar dinero en clases de golf, considera cómo puedes aprovechar tu pasión por este deporte para crear contenido valioso online, como un canal de YouTube sobre golf o un blog donde compartas análisis de palos de golf. Al elegir algo que te guste y se te dé bien, estarás sentando las bases para un negocio online exitoso.

Identificar tus pasiones y habilidades no solo te ayudará a encontrar una dirección clara, sino que también te permitirá disfrutar del proceso de construcción de tu negocio online. Al elegir algo que te apasione, estarás más motivado y comprometido para dedicar tiempo y esfuerzo a desarrollarlo. Además, tus habilidades existentes pueden ser una ventaja adicional para destacarte en un mercado competitivo. Por ejemplo, si tienes habilidades para escribir y te apasiona la fotografía, podrías considerar la creación de un blog de viajes donde puedas compartir tus experiencias y fotografías mientras generas ingresos a través de publicidad o colaboraciones con marcas.

Importancia de la pasión y el interés

A lo largo de mi experiencia en la creación de negocios online, he descubierto que la diferencia principal entre el éxito y el fracaso radica en el nivel de interés y pasión que tienes por lo que haces. He montado varios negocios online, algunos de los cuales han durado años y otros solo semanas. La clave para la longevidad y el éxito de mis emprendimientos ha sido mi genuino interés en el tema. Cuando hice cosas solo por su potencial de ganancias, pero sin tener un interés real, siempre fallaron. La falta de constancia y motivación se hacía evidente una vez que había establecido la infraestructura inicial.

Es fundamental comprender que emprender online implica un compromiso a largo plazo. Habrá momentos en los que te enfrentes a desafíos y obstáculos, y solo tu pasión y amor por lo que haces te mantendrán motivado para seguir adelante. Si eliges trabajar en algo que realmente te gusta, estarás más dispuesto a superar los desafíos y perseverar incluso cuando las cosas se pongan difíciles.

Además, cuando tienes pasión por lo que haces, se refleja en tu trabajo y en la calidad del contenido o producto que ofreces. Tus seguidores o clientes potenciales pueden sentir tu entusiasmo y autenticidad, lo que aumentará la confianza y el interés en lo que estás ofreciendo. Recuerda que tu negocio online no solo se trata de generar ingresos, sino también de hacer una diferencia en la vida de las personas a través de tu pasión y conocimientos.

Encuentra tu nicho y mercado objetivo

Además de elegir algo que te guste, es esencial que tu negocio online tenga un mercado objetivo. No importa cuánto te guste un tema, si nadie más está interesado en él, será difícil generar ingresos. Investiga y evalúa si hay demanda para el tema que te apasiona. Puedes hacer esto a través de la investigación de mercado, analizando qué tipo de contenido o productos relacionados con tu pasión tienen éxito online. Recuerda que los nichos más pequeños pueden ser más rentables debido a la menor competencia. Encuentra un equilibrio entre tu pasión y la demanda del mercado para asegurarte de que tu negocio online tenga el potencial de éxito.

Al identificar tu mercado objetivo, considera también su disposición a invertir dinero en tu producto o servicio. No todas las pasiones tienen un mercado dispuesto a pagar por ellas. Realiza una investigación exhaustiva para comprender si existe una audiencia dispuesta a comprar lo que ofreces y cómo puedes diferenciarte de la competencia existente.

Una vez que hayas encontrado tu nicho y mercado objetivo, podrás desarrollar estrategias específicas para llegar a ellos y satisfacer sus necesidades. Esto puede incluir la creación de contenido valioso, el desarrollo de productos o servicios únicos o la implementación de estrategias de marketing efectivas.

La importancia de la consistencia y el compromiso

Aunque hacer algo que te gusta puede parecer un hobby, es fundamental comprometerte y ser constante en tu negocio online. Aunque disfrutes de lo que haces, habrá momentos en los que te enfrentes a desafíos y obstáculos. La consistencia en la creación de contenido, la mejora de tus habilidades y la conexión con tu audiencia son aspectos clave para el crecimiento y la rentabilidad a largo plazo.

La consistencia implica establecer una rutina y cumplirla regularmente. Puede ser útil crear un calendario editorial o establecer metas semanales o mensuales para garantizar que estás progresando constantemente. También es importante mantenerse actualizado con las tendencias y cambios en tu industria para asegurarte de que estás ofreciendo contenido relevante y actualizado.

Además, el compromiso con tu negocio online implica dedicar tiempo y esfuerzo para mejorarlo continuamente. Esto puede implicar invertir en tu educación, asistir a conferencias o cursos relacionados con tu nicho, o buscar oportunidades para aprender nuevas habilidades relevantes para tu negocio.

Recuerda que tu negocio online es una inversión en ti mismo y en tu futuro, y requiere dedicación y esfuerzo. Sin embargo, también es importante encontrar un equilibrio entre tu negocio online y tu vida personal. Establece límites y prioridades claras para asegurarte de mantener un equilibrio saludable mientras trabajas hacia tus metas.

Próximos pasos

En este capítulo, hemos explorado la importancia de encontrar tu pasión y convertirla en un negocio online rentable. Identificar tus intereses y habilidades, elegir algo que te apasione y que tenga demanda en el mercado, así como comprometerte y ser constante, son los pilares fundamentales para el éxito en tu negocio online.

Recuerda que hacer algo que te gusta no solo te ofrecerá satisfacción personal, sino que también aumentará tus posibilidades de alcanzar el éxito financiero. La conexión emocional y la pasión que tienes por tu negocio online se reflejarán en tu trabajo, lo que a su vez resonará con tu audiencia y clientes potenciales. Esta autenticidad y entusiasmo son ingredientes esenciales para construir una base sólida de seguidores leales y clientes satisfechos.

Al hacer algo que te apasiona, estarás más dispuesto a invertir tiempo y esfuerzo en perfeccionar tus habilidades, aprender nuevas estrategias y adaptarte a las cambiantes dinámicas del mercado online. La pasión te impulsará a superar las dificultades y desafíos con determinación y creatividad, lo que te permitirá destacarte en un mercado competitivo.

El próximo paso es explorar las diversas formas en las que puedes monetizar tu pasión online. Desde la creación de contenido atractivo hasta el desarrollo de productos o servicios únicos, existen numerosas oportunidades para transformar tu pasión en una fuente estable de ingresos online. En los siguientes capítulos, profundizaremos en estas estrategias y proporcionaremos consejos prácticos sobre cómo llevar a cabo cada uno de estos métodos.

Antes de continuar, reflexiona sobre tu pasión y cómo puedes integrarla en un negocio online. ¿Cuáles son tus intereses más profundos? ¿En qué áreas posees habilidades excepcionales? ¿Cómo puedes satisfacer las necesidades de un mercado objetivo mediante tu pasión? Estas reflexiones te ayudarán a establecer una base sólida para el éxito futuro de tu negocio online.

Recuerda, el viaje hacia la monetización de tu pasión online puede ser desafiante, pero también gratificante. Al combinar tus intereses personales con estrategias efectivas, estás creando un camino único hacia el éxito financiero y personal. En los próximos capítulos, exploraremos cómo transformar esta pasión en resultados tangibles. Prepárate para descubrir las infinitas posibilidades que te esperan en el emocionante mundo del emprendimiento online.

Generando Ingresos con Cursos Online

En este capítulo, exploraremos una de las formas más sencillas de ganar dinero en Internet: hacer cursos online en plataformas como Udemy. Analizaremos por qué esta opción puede ser atractiva y cómo aprovechar al máximo esta oportunidad. Descubriremos los beneficios de utilizar plataformas de cursos online y cómo puedes generar ingresos sin necesidad de tener una audiencia propia. También exploraremos el proceso de creación de un curso en Udemy, desde la grabación hasta la promoción, y te proporcionaré consejos útiles para comenzar.

La ventaja de las plataformas de cursos online

Una de las principales ventajas de utilizar plataformas de cursos online como Udemy es que no necesitas tener una audiencia propia para vender tus cursos. Estas plataformas ya cuentan con una base de usuarios interesados en aprender y están dispuestos a pagar por cursos de calidad. Al publicar tu curso en una plataforma establecida, puedes aprovechar su audiencia existente y llegar a más personas sin tener que construir tu propia base de seguidores.

Crear un curso en Udemy: fácil y rápido

El proceso de creación de un curso en Udemy es sorprendentemente sencillo y rápido. Puedes comenzar grabando videos de una o dos horas, sin necesidad de editarlos o realizar múltiples tomas. Si tienes experiencia y conocimientos en un área específica, puedes improvisar durante la grabación. En aproximadamente cinco horas, puedes tener un curso completo listo para ser subido a Udemy. Esta velocidad de creación contrasta con otros métodos de generación de ingresos online que pueden llevar días, semanas o incluso meses de paciencia.

Costos mínimos y potencial de ganancias

Crear un curso en Udemy no requiere una inversión significativa. Además de tu tiempo, los únicos costos adicionales pueden ser la adquisición de un micrófono y una cámara decentes para grabar contenido de calidad. Sin embargo, el costo de crear un curso para Udemy es prácticamente nulo en comparación con otros métodos de generación de ingresos online.

En cuanto al potencial de ganancias, es importante ser realista. Aunque hay personas que han ganado mucho dinero en Udemy en el pasado, la competencia actual es más intensa. Aunque es posible ganar mucho dinero, no es la expectativa más realista. Sin embargo, el atractivo de Udemy radica en que no necesitas ganar grandes sumas para obtener beneficios. Aunque los cursos se venden por 10 a 15 euros, tú puedes obtener alrededor de 2 a 3 euros por venta. Aunque esto puede parecer poco, incluso ganar 100 euros adicionales al mes puede ser significativo, considerando que el costo de crear y mantener los cursos es mínimo.

Ingresos pasivos y motivación adicional

Una de las principales razones por las que muchos autores de ebooks y escritores profesionales optan por crear cursos en Udemy es la posibilidad de generar ingresos pasivos. Al crear cursos simples y prácticos, puedes subirlos a la plataforma y dejar que se vendan automáticamente. Aunque no te harás rico de la noche a la mañana, estos ingresos pasivos pueden ser una fuente adicional de ganancias.

Además, ganar dinero vendiendo cursos online puede ser una gran motivación para seguir avanzando y explorando otras oportunidades online. Aunque no es aconsejable basar todo tu negocio en Udemy, puede ser un excelente complemento para tus actividades existentes.

Cómo comenzar a crear tu propio curso en Udemy

Si estás interesado en crear tu propio curso en Udemy, aquí hay algunos pasos clave para comenzar:

1. Elige un tema en el que tengas conocimientos y experiencia. Puedes explorar los diferentes cursos disponibles en Udemy para obtener ideas y ver qué tipo de cursos son populares.

2. Crea un índice para tu curso. Organiza tus ideas y asegúrate de que el contenido fluya de manera lógica y coherente.

3. Comienza a grabar tus videos. No te preocupes demasiado por la edición, ya que la autenticidad y la naturalidad pueden ser atractivas para los estudiantes. Siéntete libre de improvisar mientras grabas, pero asegúrate de transmitir tus conocimientos de manera clara y efectiva.

4. Sube tu curso a Udemy y crea un cupón gratuito para los primeros días. Esto te permitirá promocionar tu curso y atraer a estudiantes que dejarán reseñas y opiniones.

5. Una vez que tu curso esté online, no necesitarás hacer mucho más. La promoción inicial y las reseñas positivas ayudarán a generar tracción y atraer a más estudiantes.

Reflexiones finales

Crear y vender cursos online en plataformas como Udemy puede ser una forma sencilla y rápida de ganar dinero en Internet. Aunque no te harás millonario de la noche a la mañana, los ingresos pasivos y la posibilidad de obtener beneficios adicionales pueden ser atractivos. Si tienes conocimientos y experiencia en un área específica, crear un curso en Udemy puede ser una excelente manera de compartir tus conocimientos y generar ingresos adicionales. No dudes en explorar esta oportunidad y comenzar a crear tu propio curso en Udemy. ¿Por qué no aprovechar una oportunidad que no te cuesta mucho tiempo ni dinero?

Ganar Dinero Publicando Libros en Amazon

En este capítulo, exploraremos una estrategia efectiva para ganar dinero en Internet sin necesitar una audiencia: la creación y venta de libros en Amazon. Aunque tener una audiencia puede beneficiar este método, nos enfocaremos en cómo aprovecharlo sin necesitarla. Los libros para Amazon son una excelente manera de generar ingresos pasivos y comenzar de manera rápida y sencilla. A lo largo de este capítulo, exploraremos los pasos necesarios para crear y vender libros en Amazon, así como los beneficios y las oportunidades que esta estrategia ofrece.

La estrategia de los libros para Amazon: una alternativa sin audiencia

Si bien es cierto que tener una audiencia puede mejorar las ventas de tus libros en Amazon, no es un requisito indispensable para tener éxito. La estrategia consiste en aprovechar tus conocimientos y habilidades para crear libros sobre temas que puedan interesar a los lectores. A diferencia de los cursos en Udemy, en los que se enseña a través de videos, los libros para Amazon se presentan en formato escrito. Esta estrategia es similar a la de los cursos en Udemy, pero en lugar de crear videos, se crea contenido en formato de libro.

Beneficios de los libros para Amazon

La venta de libros en Amazon ofrece numerosos beneficios. En primer lugar, puedes aprovechar tus conocimientos y experiencia en un tema específico para crear contenido valioso y útil para los lectores. Además, no se necesita una gran inversión para publicar en Amazon. Puedes comenzar sin gastar dinero, ya que no necesitas contratar a un editor profesional ni comprar libros. Amazon ofrece la opción de publicar tus libros en formato Kindle y en papel, y cuando alguien compra la versión impresa, se imprime automáticamente y se envía al comprador. Esto hace que sea una forma cómoda y accesible de publicar tus obras.

Pasos para crear y vender libros en Amazon

Paso 1: Elige un tema que te apasione y conozcas bien

Para comenzar, selecciona un tema que te guste y en el que tengas conocimientos o experiencia. Puedes optar por temas de no ficción, como formas de ganar dinero en Internet, consejos para invertir, recetas de cocina rápidas y saludables, técnicas de jardinería, entre otros. La clave es elegir un tema que te interese y que pueda ser útil para los lectores.

Paso 2: Escribe tu libro

Una vez que hayas elegido tu tema, comienza a escribir tu libro. No es necesario que sea una novela extensa, puedes optar por un libro de 50 a 100 páginas que aborde de manera concisa el tema seleccionado. Dedica tiempo a investigar y organizar tus ideas para asegurarte de ofrecer contenido de calidad. Recuerda que no necesitas meses para escribir un libro, puedes hacerlo en unas semanas si te enfocas y te dedicas a ello.

Paso 3: Publica tu libro en Amazon

Una vez que hayas terminado de escribir tu libro, llega el momento de publicarlo en Amazon. Puedes optar por la publicación en formato Kindle, que es la versión electrónica, y también ofrecerlo en formato de libro impreso. Amazon te proporciona herramientas y recursos para publicar tu libro de manera sencilla y sin costo alguno.

Paso 4: Promociona tu libro

Una vez que tu libro esté disponible en Amazon, es importante promocionarlo para aumentar su visibilidad y atraer a potenciales compradores. Al principio, puedes ofrecerlo de forma gratuita o a un precio muy bajo, como 99 céntimos, para generar interés y obtener reseñas. Las reseñas son fundamentales para aumentar la confianza de los lectores y mejorar las ventas de tu libro.

Paso 5: Continúa creando más libros

Recuerda que la clave del éxito en la venta de libros en Amazon es la constancia y la diversificación. No te limites a un solo libro, sino que continúa creando más obras sobre temas que te interesen y que puedan atraer a diferentes audiencias. Cuantos más libros publiques, mayores serán tus oportunidades de generar ingresos.

Conclusiones y reflexiones finales

Los libros para Amazon son una estrategia efectiva para ganar dinero en Internet sin necesitar una audiencia previa. Aunque tener una audiencia puede impulsar las ventas, no es un requisito indispensable para tener éxito. La creación y venta de libros en Amazon te permite aprovechar tus conocimientos y habilidades para ofrecer contenido valioso a los lectores. Además, esta estrategia ofrece beneficios como ingresos pasivos y la posibilidad de complementar otras actividades. Recuerda que la clave está en elegir temas que te apasionen, escribir libros de calidad y promocionarlos adecuadamente. No temas probar esta estrategia, ya que no te costará dinero y podrías obtener resultados desde el primer día. ¡Pasa a la acción y comienza a crear tus propios libros para Amazon!

Descubriendo el Match Betting: Una Forma de Ganar Dinero en Internet

El mundo de las apuestas online ha evolucionado considerablemente en los últimos años, y con ello han surgido nuevas oportunidades para generar ingresos de manera segura y confiable. Una de estas oportunidades es el **Match Betting**, una estrategia que ha captado mi atención y la de muchas personas desde principios de 2020. En este capítulo, te introduciré al apasionante mundo del Match Betting y te explicaré cómo puedes aprovecharlo para ganar dinero online sin complicaciones.

¿Qué es el Match Betting?

El Match Betting es una técnica que se basa en realizar apuestas cruzadas para aprovechar las promociones ofrecidas por las casas de apuestas. A diferencia de las apuestas tradicionales, donde se corre el riesgo de perder dinero, el Match Betting se fundamenta en un enfoque matemático que garantiza ganancias consistentes a largo plazo.

Permíteme explicarte cómo funciona esta estrategia con un ejemplo práctico. Supongamos que una casa de apuestas lanza una promoción que dice: "Apuesta 10 euros al partido Barça-Madrid y te regalamos una apuesta gratis de 10 euros". La mayoría de las personas simplemente realizaría la apuesta y, en muchos casos, terminaría perdiendo dinero. Sin embargo, en el Match Betting, la estrategia consiste en realizar dos apuestas simultáneas en casas de apuestas diferentes: una a favor de que el Barça gana y otra en contra de que el Barça gana.

Independientemente del resultado del partido, una de las apuestas será ganadora y la otra perdedora. En este caso, perderíamos una pequeña cantidad de dinero debido a las comisiones de las casas de apuestas. Sin embargo, al recibir la apuesta gratuita, podemos repetir el proceso, apostando a favor y en contra en diferentes casas de apuestas. Esta segunda apuesta gratuita siempre nos asegura ganancias, aproximadamente el 70% del valor de la apuesta.

Con cada operación de Match Betting, estas ganancias se van acumulando, lo que nos permite obtener un flujo constante de ingresos. En tan solo unas horas al mes, puedes llegar a ganar entre 200 y 500 euros, dependiendo del tiempo y esfuerzo que dediques a esta estrategia.

Aprende a Dominar el Match Betting

Si bien te he dado una breve descripción de cómo funciona el Match Betting, entiendo que puedan surgir algunas dudas adicionales. Es por eso que he creado un ebook completo de Match Betting que estará disponible próximamente. En este ebook, encontrarás una guía detallada que te permitirá comprender a fondo esta estrategia y comenzar a generar ingresos de manera efectiva.

¿Por qué el Match Betting es Diferente?

El Match Betting se destaca de otras formas de ganar dinero online por varias razones. En primer lugar, es una estrategia segura que no requiere vender productos ni servicios. Simplemente siguiendo las instrucciones y aprovechando las promociones de las casas de apuestas, puedes generar ingresos de manera constante.

Además, a diferencia de los ingresos pasivos, el Match Betting implica un enfoque activo. Cuanto más tiempo y esfuerzo dediques a realizar las apuestas, mayores serán tus ganancias. Aunque no es necesario dedicarle tiempo todos los días, sí requiere algunas horas a la semana para obtener resultados significativos.

¿Cuándo Deberías Considerar el Match Betting?

Recomiendo considerar el Match Betting si dispones de tiempo y estás buscando una forma segura de obtener ingresos adicionales. Si unos 300 o 400 euros al mes pueden marcar la diferencia en tu economía, esta estrategia es ideal para ti. Sin embargo, es importante que estés informado y sigas las instrucciones correctamente, ya que aunque es una técnica segura, un error puede afectar tus resultados.

Por otro lado, si no tienes tiempo suficiente debido a tus compromisos laborales u otras responsabilidades, puede que el Match Betting no sea la mejor opción en este momento. Recuerda que requiere dedicación y atención para obtener los mejores resultados.

Últimas reflexiones

En este capítulo, te he presentado el fascinante mundo del Match Betting, una estrategia única para ganar dinero online. A través de apuestas cruzadas y aprovechando las promociones de las casas de apuestas, puedes generar ingresos de manera segura y constante. Te invito a buscar más información el match betting "match betting guide" en Google.

Recuerda, el Match Betting es una oportunidad real y comprobada para obtener ingresos adicionales. A medida que te adentres en esta técnica, descubrirás su potencial y te sorprenderás de los resultados que puedes lograr. ¿Estás listo para comenzar tu viaje hacia el éxito financiero con el Match Betting?

Congresos Virtuales: Una Oportunidad para Ganar Dinero y Construir una Audiencia

En la era digital, existen numerosas formas de ganar dinero en internet. Una de ellas, y quizás menos conocida, son los congresos virtuales. Estos eventos online se han vuelto muy populares en los últimos años y ofrecen una oportunidad única para obtener ingresos y construir una audiencia en un nicho específico. En este capítulo, exploraremos en detalle cómo funcionan los congresos virtuales y cómo puedes aprovechar esta estrategia para alcanzar tus metas financieras y establecerte como un experto en tu campo.

La Experiencia del Consumidor en un Congreso Virtual

Participar en un congreso virtual es una experiencia enriquecedora para los asistentes. Imagina un congreso de finanzas en el que expertos en el campo ofrecen charlas y entrevistas sobre temas relevantes. Al inscribirte de forma gratuita, tendrás acceso diario a diferentes charlas y entrevistas. Por ejemplo, el primer día podrías tener acceso a charlas sobre ahorro, control de gastos e inversión. Cada día se abren nuevas charlas y tienes la opción de comprar un pack premium que te ofrece acceso ilimitado a todas las clases y bonificaciones adicionales.

Participando como Ponente en un Congreso Virtual

Si eres un experto en tu campo, también puedes participar como ponente en un congreso virtual. Esta es una excelente oportunidad para ganar visibilidad y atraer a una nueva audiencia. Además, puedes invitar a tu propia audiencia a participar de forma gratuita, lo que les brinda la oportunidad de aprender de otros expertos. Si alguien de tu audiencia compra el pack premium, recibirás el 50% de la venta, lo que te permite obtener ganancias y promocionar tu marca personal.

El Negocio Detrás de los Congresos Virtuales

El organizador del congreso tiene la tarea de buscar y convencer a los ponentes, crear las páginas de venta y coordinar todo el evento. A cambio, el organizador se queda con el 50% de todas las ventas de los packs premium y, lo que es aún más valioso, obtiene una lista de suscriptores interesados en el tema del congreso. Esto significa que puedes crear una audiencia desde cero en un nicho específico sin necesitar una audiencia previa.

Tiempo y Costo de Creación de un Congreso Virtual

Crear un congreso virtual requiere tiempo y esfuerzo, pero los costos son relativamente bajos. Necesitarás montar una página web y configurar una pasarela de pago, pero si tienes conocimientos técnicos o puedes colaborar con alguien que los tenga, el proceso será más sencillo. En cuanto al tiempo, la creación de un congreso virtual puede llevar varios meses, desde la selección de un nicho hasta la organización de las entrevistas y la planificación del calendario.

Potencial de Ganancias y Resultados

Es difícil determinar las ganancias exactas que se pueden obtener con un congreso virtual, pero consideremos un escenario en el que participan 50 expertos y cada uno vende 10 packs premium a 50 euros. Esto resultaría en 500 ventas, generando un total de 25,000 euros. Como organizador, te quedarías con el 50%, es decir, 12,500 euros brutos. Aunque esto requiere trabajo adicional, el potencial de ganancias es significativo.

El Futuro de los Congresos Virtuales

Si bien algunos congresos virtuales han perdido popularidad debido a la saturación del mercado, aún existe un gran potencial en esta estrategia si se elige un nicho adecuado y se ofrece contenido valioso y único. Organizar un congreso virtual en un campo desconocido es posible con una adecuada investigación y contactando a los referentes del nicho.

Consejos para Empezar y Recomendaciones Finales

Si estás interesado en organizar un congreso virtual, te recomiendo que te registres como asistente en varios eventos para comprender cómo funcionan y qué estrategias utilizan. Esto te ayudará a establecer una base sólida para crear tu propio congreso virtual. Recuerda que esta estrategia requiere habilidades técnicas, como la creación de páginas web y la capacidad de realizar entrevistas efectivas. Si consideras que esta opción se adapta a tus habilidades y objetivos, vale la pena explorarla y aprovechar el potencial que ofrece.

En resumen, los congresos virtuales representan una oportunidad emocionante para ganar dinero en internet y construir una audiencia comprometida en un nicho específico. Aunque requieren tiempo y esfuerzo, los beneficios potenciales pueden ser verdaderamente significativos. Si estás dispuesto a asumir el desafío, los congresos virtuales pueden convertirse en una piedra angular de tu estrategia empresarial y un medio efectivo para alcanzar tus metas financieras y profesionales.

Ganar Dinero con Bundles: Cómo Maximizar tus Ingresos

En el mundo actual, ganar dinero online se ha convertido en una meta para muchas personas. Existen diversas formas de lograrlo, y una de las más interesantes y lucrativas es a través de los bundles. En este capítulo, exploraremos esta estrategia y cómo puedes aprovecharla para generar ingresos sin necesidad de tener una audiencia. Descubrirás cómo los bundles pueden ser una excelente opción para monetizar tus conocimientos y productos digitales. Acompáñame mientras te adentras en este emocionante mundo de oportunidades.

¿Qué son los bundles y cómo funcionan?

Los bundles son paquetes que contienen una colección de productos digitales, como cursos online, libros electrónicos o masterclasses, ofrecidos a un precio mucho más bajo que si se compraran por separado. Este concepto se ha popularizado en los últimos años y ha demostrado ser una estrategia efectiva tanto para los creadores como para los consumidores.

Imagina un pack de 20 cursos, cada uno con un valor individual de 97 euros. En lugar de pagar 1.940 euros por todos ellos, puedes adquirir el bundle completo por tan solo 97 euros. Esta oferta irresistible crea un valor percibido gigante, lo que resulta en una alta demanda y ventas exitosas.

Cómo crear un bundle exitoso

Si estás interesado en crear tu propio bundle, aquí te presento los pasos clave para lograrlo:

1. Escoge una temática: Define el enfoque de tu bundle y selecciona una temática que sea relevante y atractiva para tu audiencia objetivo.

2. Busca colaboradores: Identifica a personas que tengan productos digitales relacionados con tu temática. Pueden ser cursos online, libros electrónicos u otros recursos valiosos.

3. Contacta a los colaboradores: Envía un mensaje a cada colaborador potencial, presentándoles tu propuesta y explicándoles los beneficios de participar en el bundle. Ofrece incentivos, como la posibilidad de vender el bundle y obtener una parte de las ganancias.

4. Organiza la logística: Crea una página de venta atractiva donde los compradores puedan adquirir el bundle. Coordina con los colaboradores para obtener los materiales necesarios, como PDFs con instrucciones de acceso a los cursos.

5. Promociona el bundle: Utiliza tus canales de comuni-

cación y marketing para difundir la oferta y generar interés. Aprovecha las redes sociales, el correo electrónico y otras herramientas para llegar a tu audiencia objetivo.

6. Limita la oferta en el tiempo: Establece una fecha límite para la venta del bundle. Esto crea un sentido de urgencia y hace que los potenciales compradores tomen acción rápidamente.

7. Gestiona las ventas y las ganancias: A medida que las ventas se realicen, asegúrate de llevar un registro y distribuir las ganancias acordadas a cada colaborador. Mantén una comunicación clara y transparente para mantener la confianza.

El potencial de ganancias y beneficios

Los bundles ofrecen un gran potencial de ganancias. Dependiendo del tamaño de tu audiencia y del número de colaboradores, puedes generar varios miles de euros. Imagina si 10 personas participan en tu bundle y cada una vende 10 packs a 100 euros, eso serían 10.000 euros en ventas. Como organizador, te llevarías la mitad de esa cantidad, lo que se traduce en una ganancia significativa.

Además del aspecto financiero, los bundles ofrecen otros beneficios. Los colaboradores obtienen exposición a una nueva audiencia y pueden ganar más dinero a través de ventas adicionales o la adquisición de nuevos clientes. También se crea una sensación de exclusividad y urgencia debido a la oferta limitada en el tiempo, lo que motiva a los compradores a actuar rápidamente.

Consideraciones finales

Los bundles son una estrategia efectiva y emocionante para ganar dinero online sin necesidad de tener una audiencia establecida. Esta forma de monetización te permite aprovechar el valor percibido de un conjunto de productos digitales y generar ingresos significativos. Si estás dispuesto a invertir algo de tiempo y esfuerzo en la organización y promoción, los bundles pueden convertirse en una fuente de ingresos lucrativa y sostenible. ¿Estás listo para crear tu propio bundle y aprovechar esta oportunidad única? ¡Adelante y comienza a monetizar tus conocimientos y productos digitales de manera efectiva!

La Afiliación como Estrategia para Ganar Dinero en Internet

En este capítulo, exploraremos el fascinante mundo de la afiliación como un método efectivo para ganar dinero en Internet. La afiliación se basa en recomendar productos o servicios a otras personas y recibir una comisión a cambio. A lo largo de este capítulo, nos enfocaremos en dos aspectos clave de la afiliación: la afiliación boca a boca y la afiliación con audiencia. Descubriremos cómo puedes ganar dinero a través de la afiliación sin necesidad de tener una audiencia, así como las oportunidades que se presentan al contar con una audiencia online.

La Afiliación Boca a Boca

La afiliación boca a boca es una forma efectiva de ganar dinero a través de la recomendación directa de productos o servicios. Es similar a cuando recomendamos un dentista a un amigo y, como agradecimiento, recibimos un descuento en nuestra próxima visita. Este tipo de afiliación también funciona en el mundo online. Puedes recomendar productos que utilizas y te gustan, y recibir una comisión por cada persona que compre a través de tu recomendación.

Un ejemplo de esto es cuando recomendé a mis amigos y familiares abrir una cuenta en Revolut. Por cada persona que se abriera una cuenta a través de mi recomendación, tanto ellos como yo recibíamos 10 euros. Aunque no tenía una audiencia online en ese momento, logré que alrededor de 40 personas abrieran una cuenta, lo que me generó alrededor de 400 euros en comisiones. Esto demuestra que la afiliación boca a boca puede ser una forma efectiva de ganar dinero sin necesidad de tener una página web o una audiencia online establecida.

La Afiliación con Audiencia:

La afiliación con audiencia es otra forma poderosa de ganar dinero online. Aquí, la clave está en construir una audiencia en tu página web o plataforma online y recomendar productos o servicios relevantes a tu audiencia. Por ejemplo, si tienes una página web de finanzas, puedes recomendar invertir en ciertos sitios en los que tu mismo inviertes. Cuando alguien se registra en estos sitios a través de tu recomendación, recibirás una comisión.

La ventaja de la afiliación con audiencia es que puedes llegar a un público más amplio y generar ingresos de manera más escalable. Puedes crear contenido valioso y atractivo para tu audiencia, y a medida que tu audiencia crezca, también lo harán tus oportunidades de generar comisiones a través de la afiliación.

Descubriendo Oportunidades de Afiliación:

La afiliación no se limita solo al mundo online. Incluso fuera de Internet, existen numerosas oportunidades para ganar dinero a través de la afiliación. Por ejemplo, muchas compañías telefónicas ofrecen programas de afiliación donde puedes recomendar sus servicios y recibir una comisión por cada cliente que se suscriba a través de tu recomendación. Además, hay herramientas y servicios que utilizas en tu vida diaria y que podrían tener programas de afiliación. A menudo, simplemente buscando en Internet el nombre del producto o servicio junto con palabras clave como "afiliación" o "programa de afiliados", puedes encontrar oportunidades para ganar comisiones.

Reflexiones finales

La afiliación es un método efectivo y versátil para ganar dinero en Internet. Ya sea a través de la afiliación boca a boca o la afiliación con audiencia, puedes recomendar productos y servicios que utilizas y obtener una comisión por cada venta realizada a través de tu recomendación. Incluso sin una audiencia online, puedes aprovechar oportunidades de afiliación al recomendar productos y servicios a tus amigos, familiares y conocidos. Recuerda que la afiliación no solo se limita al mundo online, sino que también existen oportunidades fuera de Internet. Explora diferentes programas de afiliación y encuentra formas creativas de aprovechar esta estrategia para generar ingresos adicionales.

Pregunta para reflexionar: ¿Qué productos o servicios utilizas en tu vida diaria que podrían tener programas de afiliación? ¿Cómo podrías aprovechar estas oportunidades para ganar dinero adicional-mente?

Nichos de AdSense: Desmitificando una Forma de Ganar Dinero en Internet

En este capítulo, exploraremos una de las formas más conocidas y míticas de ganar dinero online: los nichos de AdSense. Si has estado investigando sobre cómo generar ingresos en Internet, es probable que hayas escuchado hablar de esta estrategia. Aunque es una opción popular, es importante entender en qué consiste y evaluar si es la adecuada para ti.

Introducción a los nichos de AdSense

Los nichos de AdSense son páginas web especializadas en un tema específico que generan ingresos a través de anuncios de Google. Estas páginas se centran en escribir contenido relevante y atractivo sobre un tema en particular, atraer visitantes y posicionar en los resultados de búsqueda de Google. Cada vez que un visitante hace clic en un anuncio, el propietario de la página recibe una comisión.

¿Qué es un nicho de AdSense?

Un nicho de AdSense es una página web que se enfoca en un tema específico, como por ejemplo, dinosaurios. Estas páginas están diseñadas para convertirse en la referencia en su campo, ofreciendo información valiosa y atractiva para los visitantes interesados en el tema. El objetivo es generar tráfico a través de contenido relevante y posicionar la página en los resultados de búsqueda de Google.

El proceso de construcción de un nicho de AdSense

Crear un nicho de AdSense implica escribir mucho contenido sobre un tema específico y atraer visitas a la página para aumentar los clics en los anuncios. Es posible delegar la redacción de contenido a redactores especializados, lo que permite automatizar el proceso. Sin embargo, es importante destacar que este método puede resultar tedioso y aburrido si no te apasiona el tema en el que estás trabajando.

Ventajas y desventajas de los nichos de AdSense

Una de las ventajas de los nichos de AdSense es que se trata de un proceso bastante mecánico y escalable. Una vez que tienes un nicho establecido, puedes replicar el proceso y crear más páginas web sobre diferentes temas. Esto te permite diversificar tus fuentes de ingresos.

Sin embargo, también hay desventajas a considerar. Una de ellas es la competencia creciente en este campo. Antes, era más fácil ganar dinero con nichos de AdSense debido a la menor cantidad de páginas web online. Hoy en día, hay millones de páginas compitiendo por la atención de los usuarios, lo que dificulta destacarse y obtener buenos resultados.

Tiempo y costos asociados

El tiempo necesario para crear y posicionar un nicho de AdSense depende del contenido que desees incluir en tu página. Si planeas tener alrededor de 50 a 65 artículos, deberás dedicar tiempo a escribirlos, crear la página web y trabajar en su posicionamiento en Google. En promedio, podrías necesitar al menos un mes para establecer un nicho de AdSense de manera efectiva.

En cuanto a los costos, crear una página web implica el pago de un dominio (aproximadamente 10 euros al año) y un servicio de hosting (alrededor de 60 euros al año). Estos son los gastos básicos para comenzar, pero ten en cuenta que también puedes invertir en la contratación de redactores o en estrategias de marketing para promocionar tu página.

¿Cuándo considerar los nichos de AdSense?

Si te atrae la idea de crear páginas web especializadas en temas específicos y te gusta la idea de generar ingresos a través de la publicidad de Google, los nichos de AdSense podrían ser una opción interesante para ti. Sin embargo, ten en cuenta que se requiere tiempo, esfuerzo y dedicación para obtener resultados significativos.

Recapitulación

Los nichos de AdSense son una forma mítica de ganar dinero en Internet. Aunque puede ser un método efectivo, es importante considerar tanto las ventajas como las desventajas antes de embarcarte en esta aventura. Evalúa si te apasiona el tema en el que trabajarás y si estás dispuesto a invertir tiempo y esfuerzo en posicionar tu página web.

Recuerda que este capítulo solo ha proporcionado una introducción a los nichos de AdSense. Si deseas profundizar más en esta estrategia, existen numerosos ebooks, tutoriales y cursos disponibles online. Explora las opciones y decide si esta es la dirección que deseas seguir en tu búsqueda de ingresos online. ¡Buena suerte!

Páginas Nicho de Afiliación de Amazon: Cómo Generar Ingresos en Internet

En este capítulo, exploraremos una forma interesante de ganar dinero en Internet sin necesidad de tener una gran audiencia: las páginas nicho de afiliación de Amazon. A diferencia de monetizar con anuncios de AdSense, estas páginas se centran en promocionar productos de Amazon y obtener comisiones por cada venta realizada a través de los enlaces de afiliación. A lo largo de este capítulo, descubriremos cómo funcionan estas páginas, cómo crear contenido relevante y cómo posicionarlo en Google para obtener resultados.

¿Qué son las páginas nicho de afiliación de Amazon?

Las páginas nicho de afiliación de Amazon son sitios web especializados que se centran en la promoción y revisión de productos específicos que se venden en Amazon. A diferencia de las páginas de AdSense, donde los ingresos provienen de los clics en los anuncios, en las páginas de afiliación de Amazon, los ingresos se generan cuando un visitante hace clic en un enlace de afiliado y realiza una compra en Amazon.

El proceso de creación de una página nicho de afiliación de Amazon

El proceso para crear una página nicho de afiliación de Amazon es similar al de las páginas de AdSense. Comienza con una investigación exhaustiva de palabras clave relevantes y luego se procede a escribir contenido de calidad que incluya revisiones de productos, comparativas y recomendaciones. Una vez que el contenido está listo, es importante optimizarlo para los motores de búsqueda y trabajar en su posicionamiento en Google para atraer tráfico orgánico.

Ejemplo de una página nicho de afiliación de Amazon

Para ilustrar cómo funciona una página nicho de afiliación de Amazon, echemos un vistazo a un ejemplo concreto. Supongamos que estás interesado en crear una página sobre los "mejores móviles". Una vez que realices una búsqueda en Google, verás que hay numerosas páginas dedicadas a este tema, algunas de las cuales están en las primeras posiciones. Esto demuestra que la competencia es alta y que posicionar tu página requerirá esfuerzo y estrategia.

La importancia de la competencia y la dedicación de tiempo

Es importante tener en cuenta que la competencia en el ámbito de las páginas nicho de afiliación de Amazon es feroz. Grandes sitios web y periódicos están incursionando en este mercado y cuentan con recursos considerables para invertir en estrategias de posicionamiento.

Por lo tanto, no es fácil superar a competidores establecidos como OCU o Xataka. Además, es crucial entender que los resultados no son inmediatos y que puede llevar varios meses ver ganancias significativas.

Potencial de ingresos y acumulación de páginas nicho

Es importante tener expectativas realistas sobre los ingresos que se pueden obtener con las páginas nicho de afiliación de Amazon. Si bien algunas páginas pueden generar miles de euros al mes, esto no es lo habitual. En general, si una página puede generar entre 100 y 200 euros al mes, se considera un resultado satisfactorio. Sin embargo, es posible acumular varias páginas nicho y, a medida que crecen y se posicionan, los ingresos pueden aumentar. Al final, se trata de una estrategia de acumulación y persistencia.

Retos y consideraciones personales

Es importante tener en cuenta que las páginas nicho de afiliación de Amazon pueden resultar aburridas para algunas personas. Escribir reseñas de productos aleatorios puede no ser motivador para todos. Además, la competencia y el tiempo requerido para obtener resultados pueden desanimar a algunos. Es esencial encontrar un enfoque que se adapte a tus intereses y habilidades. Si te gusta trabajar meticulosamente y dedicar tiempo a analizar y crear contenido, las páginas nicho de afiliación de Amazon pueden ser adecuadas para ti. Sin embargo, no existe un método único que funcione para todos.

Últimas palabras

Las páginas nicho de afiliación de Amazon son una opción interesante para ganar dinero en Internet sin necesidad de tener una gran audiencia. A través de la promoción de productos de Amazon y la obtención de comisiones por ventas, es posible generar ingresos. Sin embargo, es importante tener en cuenta la competencia, el tiempo requerido y la necesidad de acumular varias páginas para obtener resultados significativos. Si esta opción se adapta a tus intereses y habilidades, puedes explorar más sobre ella y aprender a través de la experiencia.

Monetización a través de una Audiencia y la Afiliación

En este capítulo, exploraremos métodos para ganar dinero al tener una audiencia y cómo la afiliación puede desempeñar un papel clave en este proceso. Veremos cómo la afiliación puede ser una forma efectiva de monetizar tu presencia online y cómo construir una audiencia sólida puede generar resultados a largo plazo. Además, te mostraré ejemplos prácticos de cómo monetizo mi propia página web con afiliación y cómo puedes aplicar estos principios a tu propio nicho.

¿Por qué tener una audiencia es ventajoso?

Tener una audiencia le da un valor significativo a tus recomendaciones. No es lo mismo recomendar una cuenta bancaria a tus amigos y familiares que tener a miles de personas interesadas en finanzas leyendo tus consejos diariamente. La ventaja de tener una audiencia radica en la cantidad de personas a las que puedes llegar y la influencia que puedes ejercer sobre ellas. Aunque los métodos pueden variar, la base sigue siendo la misma: construir y nutrir una audiencia comprometida.

El proceso de construir una audiencia

Antes de profundizar en los métodos específicos, es importante elegir tu nicho y temática. Si estás seriamente interesado en los negocios online, crear una audiencia se vuelve fundamental. Aunque existen estrategias a corto plazo, como lanzar un bundle o un congreso virtual, tener una audiencia te brinda resultados sostenibles a largo plazo. Aunque las circunstancias pueden cambiar, si construyes una audiencia sólida, podrás mantenerla durante muchos años.

Monetizando con afiliación: Ejemplos prácticos

Una de las formas más comunes de monetizar una página web es a través de la afiliación. En mi caso, la afiliación ha sido el método más exitoso. A través de ejemplos para el ámbito financiero, te mostraré cómo lo hago y cómo puedes aplicarlo a tu propio enfoque.

Robo-advisors: Una fuente de ingresos confiable

Los robo-advisors han sido una de las mejores fuentes de ingresos a lo largo de mis años de experiencia en la afiliación. Estas plataformas te permiten invertir tu dinero de manera automatizada y eficiente. Por ejemplo, InvestMe es un robo-advisor en el que personalmente invierto. Al hacer el test en su página, puedes descubrir cómo sería tu cartera de inversión y, al comenzar a invertir, recibirás 50 euros de regalo y no pagarás comisiones por los primeros 10.000 euros gestionados. Al recomendar InvestMe a través de mi página, obtengo una comisión por cada usuario que se registra.

Otras oportunidades de afiliación

Además de los robo-advisors, existen muchas otras oportunidades de afiliación en el ámbito financiero. Plataformas como ING, Vivid Money, De Giro y eToro ofrecen programas de afiliación que te permiten ganar comisiones al recomendar sus servicios. Al explorar páginas específicas de afiliación para finanzas, como Adtraction y Finance Ads, descubrirás una amplia gama de opciones para monetizar tu audiencia.

Ampliando el enfoque de la afiliación

La afiliación no se limita solo a las páginas web. Puedes monetizar tu audiencia a través de una variedad de canales, como newsletters, comunidades de pago e incluso Instagram. Por ejemplo, si tienes una cuenta de Instagram dedicada a las plantas, puedes recomendar las mejores herramientas de jardinería y enlazar a páginas de afiliación como Amazon para ganar comisiones. La afiliación puede aplicarse a casi cualquier nicho, lo que te ofrece la oportunidad de recomendar productos y servicios que realmente te gusten y uses.

Más allá de la afiliación: Cursos online

Además de la afiliación, los cursos online también pueden ser una fuente de ingresos atractiva. Puedes recomendar cursos de otras personas en tu nicho y recibir comisiones por cada venta realizada a través de tu enlace de afiliado. Por ejemplo, si tienes conocimientos sobre jardinería vertical, puedes promocionar un curso online que enseñe a las personas a crear su propio jardín vertical en casa. Al recomendar el curso y generar ventas, recibirás una comisión por cada inscripción.

Conclusión y reflexión final

En resumen, la afiliación y la construcción de una audiencia sólida pueden ser una forma efectiva de ganar dinero online. La afiliación te permite recomendar productos y servicios que realmente te gusten y uses, al tiempo que generas ingresos por cada venta realizada a través de tus enlaces de afiliado. Al construir una audiencia comprometida, tienes la capacidad de influir en las decisiones de compra de tus seguidores y generar ingresos a largo plazo.

Ahora te invito a reflexionar: ¿Qué nicho o temática te apasiona lo suficiente como para construir una audiencia en torno a ella? ¿Cómo podrías aplicar la afiliación en tu propio enfoque? Recuerda, la construcción de una audiencia y la monetización a través de la afiliación requieren tiempo y esfuerzo, pero los resultados a largo plazo pueden ser gratificantes tanto a nivel financiero como personal. ¡No dudes en comenzar a construir tu audiencia y explorar las oportunidades de la afiliación!

Cómo Monetizar tus Conocimientos con Cursos Online y Construir una Audiencia

En este capítulo, exploraremos una de las formas más efectivas de monetizar tu conocimiento y experiencia: los cursos online. En particular, nos centraremos en la ventaja de vender cursos sin intermediarios y cómo construir una audiencia para maximizar tus ganancias. Aprenderás cómo combinar estrategias de marketing, embudos de venta y regalos para atraer a tu público objetivo y convertirlos en estudiantes entusiastas. Prepárate para descubrir cómo construir una plataforma sólida y rentable para vender tus propios cursos.

Ventajas de vender cursos sin intermediarios

Cuando hablamos de monetizar sin audiencia, una opción popular es utilizar plataformas como Udemy o Domestika. Sin embargo, vender tus cursos directamente tiene claras ventajas económicas. Mientras que en estas plataformas los cursos se venden por 10-15€, tú puedes venderlos por 100, 200 o incluso miles de euros. La diferencia en los ingresos potenciales es significativa.

La desventaja principal de vender cursos sin intermediarios es que necesitas tener una audiencia propia. No puedes depender de la audiencia de estas plataformas para vender tus cursos. Sin embargo, el tiempo y esfuerzo requeridos para crear y promocionar tus propios cursos son similares a los necesarios para tener éxito en estas plataformas.

Estrategias para vender tus cursos

1. Combina lanzamientos puntuales: No es necesario vender tus cursos de forma automática todo el tiempo. Puedes utilizar lanzamientos puntuales para generar expectación y entusiasmo en tu audiencia. Esto puede incluir promociones especiales, descuentos por tiempo limitado o paquetes exclusivos.

2. Utiliza el email marketing: El email marketing es una herramienta poderosa para promocionar tus cursos. Puedes ofrecer un regalo atractivo, como un mini curso gratuito, a cambio de que las personas se suscriban a tu lista. A través de una serie de correos electrónicos, puedes construir confianza y ofrecer contenido valioso antes de presentar tu curso y ofrecer un descuento exclusivo.

3. Crea un embudo de venta: Un embudo de venta es una secuencia de pasos que guía a tus prospectos desde el conocimiento inicial de tu curso hasta la compra. Puedes utilizar contenido gratuito, como artículos o videos, para atraer a tu audiencia y luego dirigirlos hacia tu curso. Esto te permite nutrir la relación con tus prospectos y aumentar

las posibilidades de conversión.

4. Ofrece afiliaciones: Una estrategia efectiva para aumentar las ventas de tus cursos es ofrecer un programa de afiliados. Puedes contactar a otros profesionales en tu nicho que no ofrezcan cursos similares y ofrecerles una comisión por cada venta que generen. Esto amplía tu alcance y te permite aprovechar la audiencia de otros para promocionar tus cursos.

Un ejemplo práctico

Permíteme compartirte un ejemplo de cómo aplicar estas estrategias en tu plataforma. Puedes vender cursos en plataformas como Udemy, pero también puedes vender cursos más específicos sobre finanzas directamente en tu web si dispones de audiencia propia. De esta forma, estarías utilizando diferentes métodos para promocionar tus cursos y maximizar las ventas.

En tu blog relacionado con inversiones en bolsa, por ejemplo, puedes mencionar tu curso de bolsa como una opción adicional para aquellos interesados en profundizar en el tema. Además, por medio de un embudo automatizado podrías regalo un curso de 5 lecciones para comenzar a invertir a cambio de la suscripción de las personas a las newsletter. A través de este embudo, construiras confianza y, al finalizar el curso gratuito, podrías ofrecer un descuento exclusivo en el curso de bolsa durante 7 días.

Además de estas estrategias, también puedes realizar promociones especiales, como descuentos por tiempo limitado en fechas especiales, como tu cumpleaños. Mediante el envío de correos a tu lista de suscriptores podrás informarles sobre estas promociones y generar ventas adicionales.

Es importante recordar que todo esto no se logra de la noche a la mañana. Construir una audiencia y establecer una plataforma sólida lleva tiempo y esfuerzo. No te desanimes si no obtienes resultados inmediatos. Comienza poco a poco, establece una base sólida y, con el tiempo, llegarás al éxito.

Síntesis

En este capítulo, hemos explorado las ventajas de vender cursos sin intermediarios y cómo construir una audiencia para maximizar tus ganancias. Has aprendido estrategias efectivas, como el email marketing, los embudos de venta y las afiliaciones, para promocionar tus cursos y aumentar las ventas. Recuerda que construir una audiencia es un proceso a largo plazo, pero una vez que lo logres, podrás monetizar de manera más efectiva y multiplicar tus resultados. ¡No te limites y comienza a construir tu plataforma hoy mismo!

¿Estás listo para dar el siguiente paso y construir tu audiencia? ¿Cuál de las estrategias mencionadas te parece más interesante para vender tus cursos?

Explorando el Mundo de los Infoproductos

En este capítulo, exploraremos las diversas opciones de infoproductos que puedes crear para vender online. A menudo, se piensa en cursos online y libros como los principales infoproductos, pero en realidad, hay muchas más posibilidades. El objetivo de este capítulo es ampliar tu perspectiva y mostrarte todas las opciones disponibles, lo que facilitará tu progreso en el mundo de los infoproductos.

Talleres: Una solución específica para un problema concreto

Los talleres son una excelente manera de ofrecer soluciones específicas a problemas concretos. Imagina que tienes una audiencia interesada en la jardinería. Puedes organizar un taller de dos horas sobre técnicas de poda para que las plantas crezcan más sanas. Dependiendo de tu nicho y del valor que ofrezcas, puedes establecer diferentes precios para estos talleres. Por ejemplo, si tu audiencia son consultores o vendedores de alto nivel, podrías ofrecer un taller de "10 claves para vender más" a un precio más elevado. La clave está en identificar el problema que tu audiencia busca resolver y ofrecerles una solución práctica y valiosa.

Experiencias únicas: Más allá de lo convencional

¿Por qué limitarte a vender cursos online o talleres? Algunos emprendedores han creado experiencias únicas para sus clientes. Un ejemplo interesante es un blogger que organizó un curso en las Bahamas. En lugar de ofrecerlo online o en un lugar convencional, combinó el aprendizaje con una experiencia única en un destino paradisíaco. Esto demuestra que hay infinitas posibilidades para crear infoproductos que se destaquen y ofrezcan algo más que conocimiento.

Eventos y congresos: Un espacio para el aprendizaje y la conexión

Otra opción para ofrecer infoproductos es organizar eventos y congresos. Estos eventos pueden incluir charlas, talleres, simposios y oportunidades de networking. Los eventos en persona permiten a los participantes adentrarse en un ambiente de aprendizaje y conexión con otros profesionales. Si tienes la capacidad de organizar eventos de este tipo y atraer a una audiencia interesada, esta puede ser una excelente opción para ofrecer infoproductos y generar ingresos.

Nichos específicos: La clave del éxito

Recuerda que tener una audiencia específica es fundamental para el éxito de tus infoproductos. Cuanto más específico sea tu nicho, más fácil será venderles algo que les interese. Por ejemplo, si tu audiencia está compuesta por apasionados de los bonsáis, puedes ofrecer talleres especializados sobre cómo cuidar y podar bonsáis para un crecimiento saludable. Al enfocarte en un nicho específico, tendrás más posibilidades de acertar con tu oferta y satisfacer las necesidades únicas de tu audiencia.

Observa y adaptate: Aprende de los demás

Una estrategia efectiva para crear infoproductos es observar lo que hacen otros emprendedores y adaptarlo a tu propio enfoque. Sigue a personas influyentes en tu campo en redes sociales como Twitter y observa las ideas y estrategias que implementan. Si ves algo que te parece innovador y bien pensado, intenta adaptarlo a tu propio estilo y audiencia. El primer paso es tener claridad sobre lo que está funcionando y luego encontrar la manera de aplicarlo a tu contexto.

Conclusiones y reflexiones

En resumen, los infoproductos no se limitan a cursos online y libros. Hay innumerables opciones disponibles para ofrecer soluciones valiosas a tu audiencia. Desde talleres específicos hasta experiencias únicas, eventos y congresos, las posibilidades son infinitas. Lo más importante es tener una audiencia específica y comprender sus necesidades para ofrecerles infoproductos relevantes. Mantén los ojos abiertos, observa lo que hacen otros y adapta las ideas a tu propio enfoque. No te limites a lo convencional, ¡hay mucho más por descubrir y vender en el mundo de los infoproductos!

¿Cuál es tu pasión o área de experiencia? ¿Cómo podrías crear un infoproducto único y valioso para tu audiencia?

Comunidades de Pago y Membresías

En este capítulo, exploraremos una opción apasionante para ganar dinero online: las comunidades de pago y las membresías. Estos modelos de negocio han ganado popularidad en los últimos años y ofrecen una forma única de generar ingresos recurrentes. A medida que avanzamos, descubriremos cómo funcionan estas comunidades y cómo puedes aprovecharlas para monetizar tus conocimientos y habilidades.

¿Qué son las comunidades de pago y las membresías?

Las comunidades de pago y las membresías son modelos de negocio online que permiten a los creadores ofrecer contenido exclusivo, servicios o productos a sus miembros a cambio de una tarifa mensual o periódica. Es similar a un gimnasio, donde pagas una membresía para acceder a sus instalaciones y servicios. Sin embargo, en este caso, todo se realiza online.

Estas comunidades pueden ser de diferentes tipos. Algunas ofrecen contenido exclusivo, como cursos, tutoriales, videos, audios y otros recursos educativos. Otras pueden proporcionar servicios especializados, como asesoramiento personalizado, consultoría o soporte técnico. También existen comunidades que ofrecen acceso a productos o herramientas específicas.

Ejemplos de comunidades de pago y membresías

Existen numerosos ejemplos exitosos de comunidades de pago y membresías online. Algunos de ellos son ampliamente conocidos, como Netflix, que ofrece una membresía para acceder a su extenso catálogo de películas y series. Las empresas de telefonía también siguen un modelo de membresía, donde pagas una tarifa mensual por el servicio.

Además, hay creadores individuales que han construido comunidades de pago exitosas. Por ejemplo, Nudista Investor ha creado una comunidad donde los miembros pagan 15 euros al mes para acceder a contenido exclusivo, un foro de discusión y otros recursos relacionados con la inversión. Isra Bravo, un reconocido copywriter, también ha establecido una comunidad de pago con una tarifa mensual de alrededor de 100 euros, ofreciendo a sus miembros acceso a su conocimiento y experiencia en el campo.

Creando tu propia comunidad de pago o membresía

Si estás interesado en monetizar tus conocimientos y habilidades a través de una comunidad de pago o membresía, puedes seguir algunos pasos para comenzar:

1. Construye una audiencia: Es fundamental tener una audiencia establecida que esté interesada en tu contenido o

servicios. Esto puede lograrse a través de blogs, redes sociales, videos u otras formas de contenido relevante.

2. Define tu propuesta de valor: Determina qué tipo de contenido, servicios o productos ofrecerás a tus miembros. Asegúrate de que sea valioso y exclusivo para motivar a las personas a unirse a tu comunidad.

3. Establece una plataforma: Crea un sitio web o utiliza una plataforma existente para alojar tu comunidad. Puedes utilizar herramientas como Patreon, WordPress o plataformas de membresía específicas.

4. Desarrolla contenido y servicios: Comienza a crear y proporcionar contenido de alta calidad y servicios valiosos para tus miembros. Puedes ofrecer cursos, tutoriales, asesoramiento personalizado, foros de discusión y cualquier otro recurso que agregue valor a tus miembros.

5. Promociona tu comunidad: Utiliza estrategias de marketing y promoción para atraer nuevos miembros a tu comunidad. Puedes utilizar las redes sociales, publicidad en línea, colaboraciones con otros creadores o cualquier otra táctica efectiva para llegar a tu audiencia objetivo.

Ventajas y desafíos de las comunidades de pago y membresías

Las comunidades de pago y membresías ofrecen varias ventajas interesantes:

- Ingresos recurrentes: A diferencia de vender productos o servicios de forma individual, las membresías te brindan ingresos recurrentes. Si tienes una base sólida de miembros, puedes predecir tus ingresos mensuales con mayor precisión.

- Escalabilidad: Estos modelos son altamente escalables, lo que significa que puedes tener a dos o dos mil miembros con un esfuerzo similar. A medida que tu comunidad crece, tus ingresos también pueden aumentar significativamente.

- Relación más estrecha con los miembros: Al ofrecer contenido exclusivo y servicios personalizados, puedes establecer una relación más cercana con tus miembros. Esto puede generar lealtad y una mayor interacción en tu comunidad.

Sin embargo, también hay desafíos asociados con las comunidades de pago y membresías:

- Mantener la participación: Para retener a tus miembros, debes continuar proporcionando contenido valioso y servicios de calidad. Esto requiere un esfuerzo constante para mantener su interés y satisfacción.

- Requiere una audiencia establecida: Para que una comunidad de pago sea exitosa, necesitas tener una audiencia sólida que esté dispuesta a pagar por tu contenido o servicios.

Esto puede llevar tiempo y esfuerzo para construir antes de lanzar tu comunidad.

- Adaptabilidad a cambios: Aunque las comunidades de pago son más predecibles en términos de ingresos, aún pueden estar sujetas a cambios en las preferencias de los miembros o en las plataformas en las que operas. Debes estar preparado para adaptarte y ajustar tu enfoque según sea necesario.

Próximos pasos

Las comunidades de pago y membresías son una opción emocionante para ganar dinero online. Si tienes una audiencia establecida y estás dispuesto a proporcionar contenido valioso y servicios exclusivos, puedes aprovechar este modelo de negocio para generar ingresos recurrentes y establecer una relación más estrecha con tus seguidores.

Recuerda que construir una comunidad de pago lleva tiempo y esfuerzo, pero los resultados pueden ser gratificantes. Evalúa si este modelo se adapta a tus habilidades y objetivos, y considera comenzar con un enfoque gradual, ofreciendo talleres o servicios específicos antes de lanzar una membresía completa.

Explora las diferentes opciones y plataformas disponibles para crear tu comunidad de pago, y no temas experimentar y adaptarte según las necesidades de tus miembros y las tendencias del mercado. ¡El potencial de ganancias y crecimiento es alto, y solo depende de ti aprovecharlo al máximo!

La Poderosa Audiencia: Cómo Crear y Monetizar una Newsletter Gratuita

Como ya hemos visto, existen numerosas formas de ganar dinero. Algunas requieren una audiencia establecida, mientras que otras te permiten crear una audiencia a medida que avanzas. En este capítulo, exploraremos una idea fascinante que implica construir una audiencia a través de una newsletter gratuita. Aunque este enfoque no genera resultados inmediatos, tiene el potencial de ser una estrategia lucrativa a largo plazo. Descubriremos cómo puedes aprovechar esta oportunidad y monetizar tu audiencia de diversas formas.

¿Qué es una newsletter gratuita y por qué es tan valiosa?

Una newsletter gratuita es una forma popular de comunicación online en la que los suscriptores reciben correos electrónicos periódicos con contenido relevante. A diferencia de otras estrategias de monetización, una newsletter te permite construir una audiencia comprometida a medida que ofreces contenido valioso de manera regular. Los lectores aprecian que sea gratuita y fácil de suscribirse, lo que facilita la creación de una audiencia sólida y leal. Además, la newsletter te ofrece la oportunidad de establecer una relación directa con tus seguidores y construir confianza a través de la entrega constante de contenido valioso.

Monetización a través de la afiliación, cursos y publicidad

Una de las formas más comunes de monetizar una newsletter es a través de la afiliación. Puedes aprovechar tu audiencia para recomendar productos o servicios relevantes que personalmente uses y obtener una comisión por cada venta realizada a través de tus recomendaciones. Esta forma de monetización es efectiva porque tus seguidores confían en tu opinión y están dispuestos a seguir tus recomendaciones.

Además, puedes utilizar tu newsletter como plataforma para vender tus propios cursos online, talleres u otros productos digitales relacionados con tu temática. Al tener una audiencia comprometida, tendrás un grupo de personas interesadas en aprender de ti y dispuestas a invertir en su desarrollo.

Otra forma de monetización es mediante la inclusión de anuncios pagados en tu newsletter. Si tienes una audiencia considerable, las empresas pueden pagar por colocar anuncios relevantes en tus correos electrónicos. Esto te ofrece la posibilidad de generar ingresos adicionales mientras sigues proporcionando contenido valioso a tus suscriptores.

Crear una newsletter gratuita: herramientas y tiempo requerido

Crear una newsletter gratuita es más fácil de lo que parece. Puedes utilizar herramientas como Substack, MailChimp o ActiveCampaign para configurar y administrar tu newsletter en tan solo media hora. Estas plataformas ofrecen plantillas personalizables, opciones de diseño y automatización que facilitan el proceso de creación y envío de correos electrónicos.

Es importante tener en cuenta que obtener resultados significativos lleva tiempo. No esperes conseguir miles de suscriptores en una semana. Construir una audiencia sólida es un proceso gradual que requiere consistencia y paciencia. Sin embargo, a medida que sigues ofreciendo contenido valioso y promocionando tu newsletter, verás un crecimiento constante en tu base de suscriptores. Recuerda que la clave está en mantener una comunicación regular y auténtica con tu audiencia, lo que fomentará la confianza y el compromiso a largo plazo.

El poder de la lista de correo y la audiencia

Seguramente has escuchado la frase "el dinero está en la lista". Esto significa que cuanto más grande sea tu audiencia, más oportunidades tendrás de generar ingresos a través de afiliaciones, ventas de cursos, patrocinios y publicidad. El crecimiento de tu audiencia se traduce directamente en un aumento potencial de tus ganancias. Es un proceso gradual, pero a medida que tu lista de correo crece, también lo hará tu capacidad para monetizarla.

Mi Experiencia con una Newsletter Gratuita

Permíteme compartirte mi propia experiencia con la creación de una newsletter gratuita. Hace siete meses, decidí iniciar una newsletter enfocada en negocios online y ganar dinero en Internet. Quería compartir mis conocimientos y experiencias en este campo, ya que es algo que me apasiona y en lo que tengo experiencia práctica.

Estrategia y Crecimiento

Mi estrategia consistió en utilizar Twitter como una herramienta inicial para dar a conocer mi newsletter. Comencé desde cero y, después de dedicarle mucho tiempo y esfuerzo, logré obtener más de 9.500 seguidores en medio año. El objetivo principal de mi cuenta de Twitter era dirigir a las personas hacia mi newsletter. A través de esta estrategia, logré obtener alrededor de 3.300 suscriptores en mi newsletter hasta ahora.

Monetización y Futuro

Además de construir mi audiencia, también he logrado monetizar mi newsletter. Gracias a la cantidad de suscriptores que he obtenido, he conseguido patrocinadores que pagan por colocar anuncios en mi newsletter. También he explorado oportunidades de afiliación y planeo lanzar una comunidad privada en el futuro. Aunque llevo solo unos meses monetizando mi newsletter, ya he comenzado a generar ingresos significativos.

Consideraciones finales

Crear y monetizar una newsletter gratuita es una excelente manera de construir una audiencia comprometida y generar ingresos online. Aunque requiere constancia y recursos, esta estrategia puede ser altamente efectiva a largo plazo. Recuerda que siempre tienes algo valioso que ofrecer al mundo, y cualquier temática que te apasione puede convertirse en el punto de partida para construir tu audiencia. ¡No subestimes el poder de la audiencia y comienza a hablar sobre lo que te apasiona! ¿Cuál será tu próximo paso para crear y monetizar tu propia newsletter gratuita?

Vender servicio online

O tra opción que ha demostrado ser muy efectiva es vender servicios. Aunque personalmente no lo he hecho, considero que es una estrategia valiosa para ganar dinero en internet. Sin embargo, es importante tener en cuenta que al ofrecer servicios, se debe estar dispuesto a comprometer parte de nuestro tiempo y flexibilidad. En este capítulo, exploraremos las ventajas y desafíos de vender servicios en línea, así como las oportunidades que esta modalidad ofrece.

¿Qué servicios se pueden vender?

La versatilidad de vender servicios en línea es sorprendente. Desde servicios de marketing digital, como SEO, copywriting y email marketing, hasta tareas más sencillas como facturación o asesoría para autónomos, prácticamente cualquier habilidad o conocimiento puede convertirse en un servicio. Incluso profesionales como coaches y psicólogos han encontrado éxito en la venta de servicios online. La demanda es amplia y el potencial económico es significativo.

La importancia de tener una audiencia

Si bien es posible vender servicios sin tener una audiencia, contar con un público establecido facilita en gran medida el proceso. La razón es simple: una audiencia ya interesada en tu temática o especialidad tiene más probabilidades de convertirse en clientes. Un ejemplo claro de esto es Nahuel Cassino, un copywriter que ha logrado vender sus servicios en Twitter gracias a sus 16,000 seguidores. Al tener una audiencia comprometida, es más sencillo promocionar tus servicios y generar confianza en tus potenciales clientes.

Cómo empezar a vender servicios en línea

El primer paso para vender servicios en línea es identificar qué habilidades o conocimientos posees y que podrían ser valiosos para otros. Una vez que hayas definido tu área de especialización, puedes comenzar a ofrecer tus servicios de manera gradual. Incluso puedes comenzar ofreciendo servicios de forma gratuita para ganar experiencia y obtener recomendaciones. A medida que construyes tu audiencia y ganas confianza, puedes ir aumentando tu tarifa y expandir tu oferta de servicios.

La dedicación y el tiempo como factores clave

Es importante tener en cuenta que vender servicios requiere dedicación y compromiso. A diferencia de un curso en línea, donde puedes vender múltiples plazas sin aumentar tu carga de trabajo, los servicios son limitados por el tiempo que puedes dedicar. No puedes tener miles de clientes si ofreces solo unas pocas horas al mes. Sin embargo, esto no significa que no puedas ganar buen dinero. Los servicios suelen tener un precio más elevado que un libro vendido en Amazon, y el tiempo invertido en su realización es relativamente bajo.

Construyendo sobre una base sólida

A medida que te adentras en el mundo de vender servicios en línea, es importante construir sobre una base sólida. Esto implica comenzar desde el principio y avanzar gradualmente hacia tus metas. No intentes abarcar todo de una vez. Identifica tu área de especialización, construye una audiencia a través de plataformas como Twitter o newsletters, y luego expande tu oferta de servicios de acuerdo con las necesidades y demandas de tu audiencia. La paciencia y la perseverancia son clave para lograr el éxito a largo plazo.

Conclusión

Vender servicios en línea puede ser una forma efectiva de ganar dinero por internet. Aunque implica comprometer parte de tu tiempo y flexibilidad, ofrece la posibilidad de generar ingresos significativos desde el primer día. Identificar tu área de especialización, construir una audiencia y ofrecer servicios de calidad son elementos clave para el éxito. Recuerda que el camino hacia el éxito es gradual y requiere paciencia. ¿Estás listo para explorar el potencial de vender servicios en línea?

Creando una Comunidad en Línea: Cómo Construir y Monetizar tu Audiencia

En el mundo digital de hoy, tener una audiencia comprometida y leal puede marcar la diferencia entre el éxito y el fracaso. Ya sea que estés buscando promocionar tu negocio, compartir tu pasión o simplemente conectarte con personas afines, crear una audiencia sólida es fundamental. En este capítulo, exploraremos los conceptos clave para construir una audiencia online y cómo puedes empezar a hacerlo.

¿Qué es una audiencia y cómo crearla?

Una audiencia no se trata solo de tener seguidores o suscriptores en las redes sociales. Se trata de tener un grupo de personas que te siguen y valoran por el contenido que les ofreces. Es sobre conectar con ellos, responder a sus preguntas y construir una relación de confianza. Puedes crear una audiencia en cualquier plataforma, ya sea Twitter, TikTok, Facebook o Instagram. La clave está en elegir la combinación adecuada de plataforma y contenido para llegar a tu público objetivo.

Elige tu plataforma y conoce a tu audiencia

Cuando se trata de elegir la plataforma adecuada, es importante considerar tus intereses y dónde se encuentra tu audiencia. Si te dedicas a la jardinería, es poco probable que encuentres a tu audiencia en Twitter, ya que es posible que las personas que usan esa plataforma no estén interesadas en aprender a cuidar plantas. En cambio, podrías encontrar más éxito en TikTok o Instagram, donde las personas pueden estar buscando contenido relacionado con la jardinería.

Es crucial investigar y observar lo que hacen otros en tu nicho de mercado en la plataforma que elijas. Aprende de aquellos que tienen éxito y analiza sus estrategias. No necesitas hacer un curso para comenzar; simplemente imita lo que funciona y ponle tu propio estilo. La consistencia también es clave: dedica tiempo regularmente a tu plataforma elegida y sé constante en la creación de contenido.

Enfócate en tu temática y crea una relación de confianza

Para tener una audiencia comprometida, es importante enfocarte en una temática específica. No puedes hablar de todo sin rumbo fijo, ya que esto dispersará a tu audiencia y hará que sea difícil venderles algo en el futuro. Puedes elegir un tema amplio o uno más específico, pero asegúrate de que tenga coherencia y sea relevante para tu audiencia objetivo.

Crear una relación de confianza con tu audiencia es fundamental. No se trata de engañar o vender desde el primer día, sino de ayudar y ofrecer valor. Ayuda a las personas con tu conocimiento y experiencia, incluso si no ganas dinero directamente. El objetivo es construir una comunidad online, similar a tener un grupo de amigos. La confianza se desarrolla con el tiempo, y cuando llegue el momento de monetizar, tendrás una base sólida para hacerlo.

Monetización y resultados a largo plazo

No te obsesiones con ganar dinero desde el primer día. La monetización debe ser un objetivo a largo plazo una vez que hayas construido una relación sólida con tu audiencia. Enfócate en ofrecer valor y enriquecer la vida de las personas a través de tu contenido. A medida que te conozcan y confíen en ti, será más probable que estén dispuestos a invertir en tus productos o servicios.

Recuerda que construir una audiencia lleva tiempo y esfuerzo. Los resultados pueden llegar en tres meses, seis meses o incluso dos años. No te desanimes si no ves resultados inmediatos. Aprende de tus errores y aciertos, y mantén la constancia en tu plataforma elegida. Si eliges una temática que te apasiona y te resulta fácil de abordar, tendrás más probabilidades de perseverar y alcanzar el éxito a largo plazo.

Recapitulación

Crear una audiencia online es un proceso que requiere dedicación y paciencia. Al elegir una plataforma adecuada, enfocarte en una temática específica y construir una relación sólida con tu audiencia, estarás en el camino correcto para construir una comunidad online exitosa. Recuerda que la monetización llegará a medida que otorgues valor y construyas confianza. Ahora es el momento de pasar a la acción y comenzar a construir tu audiencia. ¿Estás listo para el desafío?

CONCLUSIONES Y PRÓXIMOS PASOS

Ha sido un viaje emocionante explorar las diversas formas de ganar dinero en internet y construir una audiencia sólida. A lo largo de este libro, has descubierto estrategias, consejos y enfoques que te han brindado una visión más clara de las oportunidades que ofrece el mundo digital.

Ahora, al llegar al final de este viaje, es importante reflexionar sobre lo aprendido y considerar los próximos pasos. ¿Cómo planeas aplicar esta información a tu propia trayectoria online? ¿Qué estrategias resonaron más contigo?

Recuerda, el camino hacia el éxito online puede ser desafiante, pero también gratificante. Alimenta tu pasión, mantén la constancia y sé paciente. La construcción de una audiencia y la monetización de tu presencia online requieren tiempo y esfuerzo, pero los resultados pueden ser significativos.

Ya sea que estés interesado en crear cursos online, publicar libros en Amazon, explorar el mundo de los infoproductos o cualquier otra estrategia presentada en este libro, el siguiente paso es dar el salto. Aplica lo que has aprendido, experimenta, comete errores y sigue aprendiendo.

Recuerda que el éxito en internet no sucede de la noche a la mañana. Mantén una mentalidad abierta, adapta tu enfoque según sea necesario y mantén tu compromiso con tus objetivos.

¡Te deseo mucho éxito en tu viaje online! Que este libro sirva como un trampolín para tus ambiciones digitales. Adelante, ¡es hora de escribir tu propia historia de éxito en internet!